Lauro Henriques Jr.

O Pequeno Livro das Fábulas

Histórias inspiradoras para
você ficar de bem com a vida

Baseado em *Palavras de Poder*

Diretor editorial: Pascoal Soto
Coordenação editorial: Tainã Bispo
Produção editorial: Sonnini Yura e Fernanda Ohosaku
Coordenação de produção: Débora Tamayose Lopes
Preparação e revisão de textos: Débora Tamayose Lopes
Capa e projeto gráfico: Fou.
Diagramação: Ana Dobón

Dados Internacionais de Catalogação na Publicação (CIP)
(Câmara Brasileira do Livro, SP, Brasil)

Henriques Júnior, Lauro

O pequeno livro de fábulas : histórias inspiradoras para você ficar de bem com a vida / Lauro Henriques Jr.
– São Paulo : Leya, 2012.

ISBN 978-85-8044-643-2

1. Devoções diárias 2. Livros de orações e devoções 3. Orações I. Título.

12-12836 CDD-242.8

Índice para catálogo sistemático

1. Orações : Literatura devocional 242.8

2012

TEXTO EDITORES LTDA.
[Uma editora do Grupo LeYa]
Rua Desembargador Paulo Passaláqua, 86
01248-010 - Pacaembu - São Paulo - SP - Brasil
www.leya.com.br

SUMÁRIO

Prefácio

PARA FICAR DE BEM COM A VIDA

Seja entre filósofos gregos ou povos indígenas, entre monges cristãos, budistas ou hindus, não importa: as mais variadas culturas e tradições estão recheadas de fábulas incríveis e, principalmente, instrutivas. Não à toa, ao longo dos séculos, essas histórias têm sido uma fonte valiosa de ensinamentos, que são transmitidos de geração a geração e que, ainda hoje, podem ser muito úteis para nossa vida.

Isso porque, embora aconteçam em épocas e com personagens diferentes, no fundo, os mitos tratam de coisas que fazem parte de nossa própria experiência como seres humanos, de anseios e conflitos que são vividos por todos e que tocam cada um de nós.

Nesse sentido, as histórias podem trazer *insights* surpreendentes acerca das mais diversas situações que vivemos. Por exemplo, você pode estar passando por uma questão difícil, para a qual não consegue encontrar uma saída, e, de repente, se lembra de uma lenda em que o herói só conseguiu superar determinado desafio após mudar a forma como enfrentava o problema. Então, você se pergunta: "Será que estou agindo de forma repetitiva, obstinada, sempre do mesmo jeito? Como posso agir de modo diferente, o que posso tentar de novo aqui?" E, logo, vem uma saída inovadora para a situação.

As lendas estão repletas de ensinamentos como esse. E é isso que você vai encontrar nesta obra: histórias carregadas de ensinamentos que podem ser aplicados no seu dia a dia. Com um detalhe ainda melhor: além de ensinar, as fábulas são encantadoras de ler e de contar!

LIVRANDO-SE DA VAQUINHA MAGRELA

Livrando-se da vaquinha magrela

Reverenciado como um dos homens mais sábios e bondosos de seu tempo, um velho mestre caminhava há dias com seu discípulo quando, ao longe, avistaram um casebre no alto de uma montanha e decidiram ir até o local para pedir um pouco de água e abrigo para a noite. Porém, chegando lá, depararam-se com uma casinha caindo aos pedaços e, na entrada, um casal e seus três filhos pequenos, todos maltrapilhos e subnutridos. Apesar de toda a miséria, o casal acolheu os visitantes da melhor forma possível, oferecendo-lhes água, parte da pouca comida que tinham e o único quarto da casa para que descansassem. Grato pela receptividade, o sábio ancião perguntou: "Vejo que vocês são pessoas boas e honradas, mas como conseguem sobreviver num local tão pobre e afastado?" "O senhor vê aquela vaquinha? É graças a ela que estamos vivos", respondeu o chefe da família. "Mesmo sendo tão magrinha, todo dia ela nos dá leite para beber e fazer um pouco de queijo. E, quando sobra, trocamos o leite por alimento na cidade. Se não fosse por ela, já estaríamos mortos", completou o homem, e todos foram dormir.

No outro dia, os visitantes agradeceram a hospitalidade e partiram. Eles já haviam caminhado por alguns minutos quando, ao passar por um precipício que margeava a estrada, o sábio parou e disse ao discípulo: "Volte até a casa, pegue aquela vaquinha magrela e jogue-a neste abismo". O aprendiz ficou atônito: "Mestre, mas a vaca é o sustento daquela família; sem ela, eles vão morrer..." Mas de nada valiam seus argumentos. O ancião apenas o fitava, em silêncio, até que o aluno se calou e, inconformado, fez o que lhe fora mandado.

Vários anos se passaram, mas o pensamento sobre qual teria sido o destino daquela gente não deixava de atormentar o discípulo. Um dia, então, no ápice do remorso, ele decidiu voltar ao local para pedir perdão àquelas pessoas. Porém, chegando lá, encontrou um cenário que o deixou ainda mais culpado. Em vez do casebre em ruínas, havia um lindo sítio no lugar, com uma casa enorme, piscina e vários empregados. O aprendiz pensou: "Pobres coitados, se não morreram, certamente foram obrigados a vender sua terra e devem estar mendigando em algum canto". Em seguida, ele se dirigiu a um homem que, robusto e bem-vestido, parecia ser o dono do sítio, perguntando se ele sabia o paradeiro da família que vivia ali. Então, para seu espanto, o sujeito respondeu: "Ora, claro que sei, somos nós mesmos".

Na hora ele reconheceu o homem, assim como a mãe e seus filhos, que, em vez da trupe maltrapilha de antes, agora eram três jovens fortes e uma mulher linda e bem cuidada. Pasmo, ele disse ao antigo anfitrião: "Mas o que aconteceu? Há alguns anos, estive aqui com meu mestre, e este lugar era uma miséria só. Como conseguiram progredir tanto?" Ao que o sorridente fazendeiro respondeu: "Tínhamos aquela vaquinha que nos dava nosso sustento, mas, no dia em que vocês partiram, ela caiu no desfiladeiro e morreu. No começo, achamos que íamos morrer de fome. Mas, diante da necessidade, todos nós tivemos que encontrar alguma atividade nova para ganhar a vida e, com isso, acabamos descobrindo talentos que nem sonhávamos ter. E o resultado é este que você vê".

O CONSTRUTOR DE PONTES

Na sabedoria popular, encontramos a história de dois irmãos que, após décadas de vida harmoniosa em fazendas vizinhas, brigaram feio e nunca mais se falaram. Tudo por um simples mal-entendido, mas que culminou em discussões violentas e no rompimento da relação. Meses depois, numa manhã, o irmão mais velho recebeu a visita de um carpinteiro atrás de trabalho. Era a chance de se vingar. Ele disse: "Você vê a fazenda do outro lado do riacho? É de meu irmão, e hoje somos inimigos. Pegue esta pilha de madeira e construa uma cerca imensa, para que eu nunca mais veja a casa dele".

Tendo entendido o caso, o carpinteiro se pôs a trabalhar, enquanto o fazendeiro foi até a cidade. Entretanto, já era quase noite quando o patrão voltou e, perplexo, viu a cena inacreditável: em vez da cerca, o carpinteiro havia construído uma ponte ligando as duas margens do rio. O homem ficou indignado, mas, antes que pudesse xingar o carpinteiro, eis a surpresa: pela estrutura, já vinha seu irmão, emocionado com o gesto pacificador, e os dois se abraçaram no meio da ponte. O construtor, então, começou a partir. "Espere, fique", pediu o fazendeiro. E o carpinteiro disse: "Eu adoraria, mas tenho muitas pontes para construir".

O TESTE DOS TRÊS FILTROS

O teste dos três filtros

Conta-se que, certo dia, um conhecido se aproximou todo afoito de Sócrates e disse: "Sabe o que acabo de ouvir sobre um amigo seu?" Porém, impedindo que ele continuasse, o filósofo grego falou: "Antes de me falar qualquer coisa, vejamos se você consegue passar no 'teste dos três filtros'. O primeiro é o filtro da verdade. Você tem certeza de que o que vai me contar é verdade?" "Não, acabei de ouvir de outra pessoa", respondeu o homem. "Bem, então não sabe se é verdade", continuou o sábio. "Mas vamos ao segundo filtro, o da bondade. Isso que está prestes a me dizer sobre meu amigo é algo bom?" "Não, pelo contrário, é bem ruim", enfatizou o homem. "Bom, então quer me contar algo ruim sobre alguém, sem nem saber se é verdade", prosseguiu Sócrates, impassível. "Mas pode ser que você ainda passe pelo terceiro filtro, o da utilidade. O que você quer dizer é útil para mim?" "Não, de fato, não é", admitiu o sujeito. E o filósofo, então, concluiu: "Ora, mas, se não é verdadeiro, bom ou útil, para que me contar afinal?"

◇◇◇

OLHO POR OLHO, PERNA POR PERNA

Olho por olho, perna por perna

Numa história passada de geração a geração na Índia, dois garotinhos – um cego e um perneta – estão brincando no meio da floresta, distantes e desconhecidos um do outro, quando um enorme incêndio irrompe na mata. Desesperados, os meninos começam a gritar por socorro e, por causa dos gritos, acabam se achando. Mas, em prantos, eles só pensam no pior – afinal, o garoto que tem pernas para fugir não consegue ver o caminho, e o que tem olhos para enxergar a saída, além de ser aleijado, está às cegas em meio à fumaça. Tudo parecia perdido quando, juntos, eles chegam à ideia que seria a sua salvação: o garoto perneta sobe nos ombros do cego e, do alto, pode ver a clareira para a qual eles fogem em segurança, cada um sendo, respectivamente, as pernas e os olhos de seu companheiro.

◇◇◇

A DOAÇÃO

A doação

A sabedoria ancestral é repleta de lendas extraordinárias, mas o mundo contemporâneo também tem as suas. Como a que narra a história de uma garotinha que, com uma doença raríssima, só sobreviveria se recebesse a transfusão de sangue de seu irmãozinho – milagrosamente, ele havia escapado da mesma moléstia, criando anticorpos contra a doença. No hospital, após explicar o caso para o garoto, o médico perguntou se ele doaria seu sangue para a irmã. Ele hesitou um pouco, mas respondeu: "Sim, para salvá-la, eu doo". Assim que a transfusão começou, a menina já deu sinais de melhora, alegrando a todos, incluindo o garoto. Mas logo ele ficou sério, tristonho, e perguntou baixinho para o médico: "Eu vou morrer agora mesmo?" E todos se emocionaram: ele havia pensado que, para salvar a irmã, teria que doar todo o seu sangue...

◇◇◇

NEM BOM, NEM RUIM*

Nem bom, nem ruim

A vida vai muito além do que rotulamos como bom ou ruim. Há uma história que ilustra isso bem. Certo dia, um velho mestre descobre que seu único cavalo desapareceu. E os vizinhos falam: "Que coisa ruim". O sábio, então, diz: "É ruim, mas também é uma coisa boa". Os vizinhos não entendem o que poderia haver de bom naquilo. Só que, dias depois, o animal volta, trazendo junto um cavalo selvagem que o acompanhou pelo caminho. E vêm os vizinhos: "Que coisa boa, você agora tem dois cavalos". O velho responde: "É bom, mas também é uma coisa ruim". De novo, ninguém entende. Passa mais um tempo, o filho

---

* História contada a Lauro Henriques Jr. por Roberto Otsu no livro *Palavras de Poder*.

do velho tenta domar o cavalo selvagem, mas é derrubado e quebra a perna. Vêm os vizinhos: "Que coisa ruim". E o sábio: "É ruim, mas também é uma coisa boa". Dessa vez, o povo fica indignado, chamando o velho de insensível, etc.

Acontece que, logo depois, estoura um conflito na região, e todos os jovens são convocados para a guerra, com exceção dos deficientes e dos feridos. Aí chegam os vizinhos: "Que coisa boa, seu filho não vai para a guerra". Ao que o mestre responde: "É bom, mas também é uma coisa ruim". Essa história não tem fim.

◇◇◇

A DEVORADORA DA MALDADE

De uma das fantásticas lendas do imaginário hindu, vem o ensinamento de que, para extirpar o mal, não adianta apenas combatê-lo, é preciso elaborar seu significado, integrá-lo completamente. Trata-se da história de Durga, a deusa guerreira e invencível que brande armas em cada um de seus vários braços, e que já estava há dias se digladiando com o demônio Raktabija numa batalha que quanto mais sangrenta, mais difícil ficava. Isso porque o rival contava com um artifício diabólico: cada gota de seu sangue derramada transformava-se num novo demônio. Assim, do sangue que jorrava das cabeças cortadas pela deusa, nasciam mais e mais inimigos. O combate parecia não ter fim, quando Durga, furiosa, assumiu sua forma mais terrível, como Kali, a devoradora da maldade. Kali, então, usou uma estratégia fulminante: após decepar a cabeça de cada demônio, ela bebia o sangue que escorria, impedindo que surgissem outros inimigos, até que, por fim, destruiu o maléfico rival.

◇◇◇

O ESCONDERIJO PERFEITO

O esconderijo perfeito

Os índios Sioux contam que, certo dia, o Criador reuniu todos os animais da criação e disse: "Quero esconder algo muito importante dos seres humanos, que só lhes será revelado no dia em que estiverem prontos para isso. Trata-se da compreensão de que são eles mesmos que criam a sua própria realidade". A águia logo falou: "Dê para mim, que vou levar este segredo para a lua". "Não", disse o Criador, "Um dia eles irão até lá e o acharão". O salmão, então, sugeriu: "Vou enterrá-lo nas profundezas do oceano". "Não, eles também irão até lá", respondeu o Criador. Foi a vez do búfalo: "Oh, Senhor, me dê, que vou enterrá-lo no fundo mais fundo das Grandes Planícies". "Não adianta, eles rasgarão a pele da Terra e, mesmo lá, o encontrarão". Foi quando a venerável toupeira, que, por viver no seio da Mãe Terra, não vê com olhos físicos, mas, sim, espirituais, disse: "Coloque esta verdade dentro do próprio ser humano". E o Criador respondeu: "Está feito".

◇◇◇

O SEGREDO DO ANEL

O segredo do anel

Certo dia, um rei chamou os sábios da corte e pediu: "Quero que elaborem uma frase que me seja útil e verdadeira em qualquer época ou situação. E deve ser uma frase curta, que eu possa levar sob a pedra de meu anel". Após uma longa discussão, os sábios finalmente chegaram à mensagem perfeita, que foi escrita num pedaço de papel e entregue ao rei. Havia apenas uma condição: ele só deveria ler a frase numa hora de extremo perigo, quando achasse não haver mais saída. O soberano agradeceu e colocou o pedacinho de papel sob a pedra do anel. Mas logo a hora de perigo chegou.

O reino foi invadido de surpresa, e o monarca teve que fugir a cavalo. Para piorar, na fuga, ele se deparou com um imenso precipício. Não havia saída, pois os inimigos já vinham em seu encalço. Aí, desesperado, ele se lembrou do anel – e leu a mensagem: "Isso também vai passar". E uma profunda paz caiu sobre o rei, tanto que ele demorou a notar que os perseguidores haviam perdido seu rastro. Então, ele guardou o papel no anel e reuniu seu exército, com o qual acabou derrotando o invasor. Na celebração da vitória, contudo, teria outra lição. Ele já estava todo orgulhoso, achando-se o rei dos reis, quando se lembrou de novo do anel. E leu a frase: "Isso também vai passar". E, nesse momento, sumiu o orgulho, restando, apenas, a paz que sentira antes.

◇◇◇

O BANQUETE

O banquete

Em uma fábula que nos chega do Oriente, um venerável sábio foi conduzido às esferas do mundo invisível para conhecer como eram o céu e o inferno. Primeiro, ele foi levado ao inferno, um salão suntuoso, em que as pessoas sentavam-se em volta de uma mesa enorme, com toda sorte de alimentos deliciosos. Mas o clima entre os convivas era de desespero, pois, para comer, tinham que usar pauzinhos muito compridos; assim, embora estivessem famintos, não conseguiam levar a comida à boca. O mestre, então, foi conduzido ao céu, onde viu um cenário praticamente idêntico: o mesmo salão, com pessoas em torno de uma grande mesa repleta de comida, e todas com pauzinhos compridos na mão. Porém, o clima por lá era de alegria e satisfação. E o sábio oriental viu a razão: no céu, uns colocavam comida na boca dos outros.

A CADEIRA DE BALANÇO

Já fazia anos que, para o desalento de toda a equipe médica, uma senhora idosa passava seus dias completamente ensimesmada no asilo onde vivia. Não falava com ninguém – ela simplesmente existia, para lá e para cá, balançando em uma velha cadeira de balanço em seu quarto. Todos já a consideravam um caso perdido. Foi quando uma jovem enfermeira começou a trabalhar no asilo. Vendo aquela situação, ela decidiu que, dia sim, dia não, passaria um tempo com a velhinha. A cuidadosa enfermeira não tentava falar ou fazer perguntas à senhora – ela só puxava outra cadeira de balanço e deixava-se embalar ao lado da mulher. Então, após algumas semanas, eis que o "milagre" aconteceu – a velha senhora virou-se para a enfermeira, abriu um sorriso e simplesmente disse: "Muito obrigada por balançar comigo". Em vez de imposições ou tratamentos mirabolantes, a cura para a "doença" daquela solitária senhora exigia apenas uma coisa: atenção.

CONHECENDO O INIMIGO*

◇◇◇

O mais vigoroso obstáculo no caminho de todo ser humano se encontra dentro dele mesmo, sob a forma do egoísmo, que é o gerador de outros verdugos de nossa existência, como o ciúme, a inveja, a maledicência e o ressentimento. Uma história interessante ilustra esse fato. Conta-se que, um dia, o diretor de uma empresa colocou uma nota ao lado do relógio de ponto informando: "Comunicamos que seu inimigo na firma morreu ontem e está sendo velado no estádio. Vá conhecê-lo". Ao ver a nota, cada funcionário comemorava – enfim, conheceria o algoz que sempre o perseguira, torpedeando-lhe o trabalho – e,

* História contada a Lauro Henriques Jr. por Divaldo Franco no livro *Palavras de Poder*.

em seguida, dirigia-se à quadra de esportes, onde estava o caixão com a parte superior aberta. Porém, ao olhar para dentro do esquife, saía de imediato, em choque. O motivo: dentro do caixão havia um espelho, que lhe apresentava o inimigo...

O PALÁCIO DA VAIDADE*

O palácio da vaidade

Uma bonita lenda da mitologia hindu gira em torno da questão da humildade. Após vencer um terrível demônio, o deus Indra se encheu de orgulho e resolveu construir o palácio mais magnífico das esferas celestiais, chamando o arquiteto dos deuses para realizar a tarefa. Acontece que, toda vez que Indra vistoriava as obras, ele pedia alguma mudança para que o palácio ficasse ainda mais grandioso. Percebendo que aquela história nunca teria fim, pois os dois eram imortais, assim como pareciam ser os caprichos de Indra, o arquiteto resolveu levar a situação desesperadora até o todo-poderoso Brahma, que prometeu dar um jeito no caso.

---

* História contada a Lauro Henriques Jr. por Robert Walter no livro *Palavras de Poder*.

Então, no dia seguinte, Indra recebeu a visita de um menino divinal, o mais extraordinário que já havia aparecido em seu palácio. Perguntado sobre o motivo de sua chegada, a criança respondeu: "Vim até aqui, pois ouvi dizer que você está erguendo o palácio mais majestoso que um Indra jamais teve". Furioso com a afronta, o deus disse: "Como assim, nenhum Indra? Eu sou o único Indra". Ao que o garoto replicou: "Eu já vi centenas de milhares de Indras surgirem e desaparecerem. Brahma abre os olhos, e um mundo é criado para ser governado por um Indra; Brahma fecha os olhos, e tudo deixa de existir". De repente, enquanto o menino falava, uma coluna de formigas passou marchando pelo chão. Ele então apontou para as formigas e, sorrindo, disse: "Está vendo estas formiguinhas? Cada uma delas já foi um Indra que, um dia, pensou que iria construir o palácio mais majestoso que havia e, por causa de seu orgulho, despencou do estado de iluminação para as condições mais baixas". Por fim, Indra se dá conta de toda a sua vaidade e desiste de seu intento.

ENTRE O CÉU E O INFERNO

No zen-budismo, conta-se que, certo dia, um dos samurais mais poderosos do Japão, famoso por seu temperamento violento, procurou um sábio monge atrás de instrução. O guerreiro foi logo dizendo: "Monge, quero que me ensine tudo sobre o céu e o inferno!" Então, simulando o maior desprezo, o franzino mestre disse: "Ensinar a você sobre céu e inferno? Era só o que me faltava! Olhe para si mesmo: você fede, está imundo, até a lâmina de sua espada está enferrujada. Você é uma vergonha para a estirpe dos samurais. Suma daqui!" O samurai ficou furioso e, na hora, tremendo de tanto ódio, ergueu sua espada, já se preparando para decepar a cabeça do ancião insolente. "Pois isso é o inferno", disse o mestre serenamente. E o guerreiro ficou estupefato, totalmente imóvel. Aquele sábio homem, por pura compaixão, havia arriscado a própria vida para lhe ensinar algo. O samurai, então, foi baixando a espada, lentamente, cheio de gratidão e de reverência pelo mestre. "E isso é o céu", completou o monge com um sorriso.

A ÁRVORE DOS DESEJOS

Numa das mais antigas histórias da mitologia indiana, um homem já estava peregrinando há dias quando, sem perceber, acabou entrando no paraíso. Chegando lá, ainda totalmente inconsciente de onde estava, foi sentar-se sob uma das sagradas Kalpatarus, as árvores dos desejos – basta estar sob uma delas, e qualquer desejo da pessoa se realiza instantaneamente. Cansado e faminto, o homem pensou: "Puxa, queria ter algo para comer". Então, do nada, apareceu um banquete delicioso à sua frente. Enquanto se fartava, imaginou: "Seria bom ter algo para beber também". Imediatamente, surgiram sucos e vinhos refrescantes. Porém, quando ele já relaxava sob a sombra da árvore, bebericando seu vinho, um pensamento lhe veio à mente: "Mas o que está acontecendo? Será que isso é um sonho ou há fantasmas por aqui, se divertindo comigo?" Eis então que lhe apareceram vários fantasmas assustadores. Apavorado, o homem logo pensou: "Estou perdido, esses fantasmas vão me matar". E foi morto na hora.

Para os hindus, o ensinamento dessa história carrega uma verdade fundamental: nossa mente é como uma árvore dos desejos – aquilo que pensamos se torna a nossa realidade.

A XÍCARA DE CHÁ*

Um jovem monge já havia estudado por anos e, pensando já ter aprendido quase tudo o que podia, decidiu buscar o conhecimento que lhe faltava para se iluminar com o maior mestre zen da época. Ao ser recebido pelo sábio ancião em seu mosteiro, ele foi logo se gabando de toda a sabedoria que já havia acumulado e falou o motivo pelo qual estava lá. Depois de ouvir tudo pacientemente, o mestre disse: "Primeiro vamos tomar uma xícara de chá".

Ele então serviu a própria xícara e, em seguida, começou a encher a xícara do jovem discípulo. Mas, mesmo com a xícara cheia, o mestre não parou de

---

* História contada a Lauro Henriques Jr. por Robert Walter no livro *Palavras de Poder*.

derramar o chá, que começou a transbordar sobre toda a mesa. Atônito, o rapaz ficou observando a cena até que não aguentou mais e falou: "Mestre, o chá está entornando na mesa! O senhor não está vendo que a xícara já está cheia, que não cabe mais nada nela?" O mestre colocou o bule na mesa e respondeu: "Sim, estou vendo que a xícara está cheia. Ela está tão cheia quanto você, que chegou aqui transbordando com todo o conhecimento que me disse já ter adquirido. Se você não esvaziar sua xícara, qualquer coisa que eu tente ensinar-lhe será inútil, pois vai apenas transbordar, assim como aconteceu com o chá".

◇◇◇

ALÉM DAS ESTRELAS

Em uma das belas histórias contadas pelo mestre indiano Osho, ficamos sabendo de um encontro entre o pintor Vincent van Gogh e um homem indignado com o estilo de pintura do artista holandês. O motivo da revolta, segundo Osho, era porque "Van Gogh sempre pintava as árvores tão grandes que elas iam além das estrelas". E o tal homem, incomodado com a imensidão dos arvoredos, perguntou: "Mas por que você pinta árvores tão descomunais? Que maluquice é essa?" Ao que Van Gogh, sorrindo, respondeu: "Eu sei, meu amigo, elas são imensas. Mas é que existe uma coisa da qual você não se dá conta. As árvores são os anseios da Terra para transcender as estrelas. Eu estou pintando os anseios, não as árvores. Na verdade, não importa se elas alcançam as estrelas ou não. Eu pertenço à Terra, sou parte dela e compreendo seus anseios. E o anseio da Terra, expresso através das árvores, é este: ir além das estrelas".

NA MARGEM DO RIO

Na jornada rumo ao mosteiro onde viviam nas montanhas, dois monges encontraram uma linda jovem à beira de um rio. Assim que os viu, ela pediu ajuda para atravessar. Um deles hesitou, mas o outro logo se aproximou e, erguendo-a nos braços, carregou a moça sobre as águas, deixando-a na outra margem.

Os dois monges então seguiram seu caminho, mas o mais novo estava indignado, pois as regras monásticas proibiam o contato com mulheres. Ele pensava: "É um absurdo! Ele não podia ter feito isso..." Após horas de caminhada, em que os julgamentos não cessaram em sua mente, ele não se conteve mais e disse: "Nós somos proibidos de tocar numa mulher, ainda mais no caso de uma jovem tão linda. Você não podia tê-la carregado!" E o outro monge, calmamente, respondeu: "Meu irmão, eu só ajudei uma pessoa a atravessar o rio e a deixei na margem. Quem está carregando a moça até agora é você..."

AS OFERENDAS DE BUDA

Conta-se que, certa vez, enquanto viajava de cidade em cidade transmitindo seus ensinamentos, Buda chegou até um vilarejo onde morava um homem irascível, famoso pelo modo como destratava a todos. E acontece que o tal homem também era um crítico ferrenho de Buda. Assim, mal ele havia entrado no lugar, e o homem já se aproximou, disparando toda sorte de ofensas e calúnias contra Sidarta Gautama. Impassível, Buda simplesmente ouvia tudo, sorrindo, e, assim que houve uma pausa no rosário de injúrias, disse ao agressor: "Meu amigo, suas palavras não me dizem nada e em nada me afetam. Se, por acaso, você oferecesse uma fruta a alguém, e essa pessoa a recusasse, quem ficaria com a fruta?"

Furioso, o sujeito respondeu: "Ora, mas que pergunta idiota! Com quem haveria de ficar? É óbvio que ficaria comigo!" E Buda, serenamente, completou: "Muito bem, meu amigo, pois saiba que eu não aceitei nenhuma de suas ofensas e calúnias". E, naquele mesmo instante, o agressor tornou-se seu discípulo.

TIGRE EM PELE DE CABRA*

◇◇◇

Tigre em pele de cabra

Certa vez, uma tigresa faminta, e já prestes a dar à luz, saiu para caçar. Ela logo encontrou um pequeno rebanho de cabras e saltou para cima dos animais, mas eles se dispersaram. Acontece que, com todo o esforço, a tigresa teve o filhote ali mesmo, onde havia caído, e morreu pouco depois. Curiosas, as cabras foram voltando lentamente e encontraram o filhotinho recém-nascido. E, como têm um tremendo instinto familiar, elas resolveram criar o pequeno felino, que cresceu acreditando ser um bode. Isso significava, por exemplo, que ele só comia grama e vegetações rasteiras, o que, obviamente, lhe deixou com

---

* História contada a Lauro Henriques Jr. por Robert Walter no livro *Palavras de Poder*.

um aspecto bem deplorável. Eis, então, que, certo dia, um enorme tigre sentiu o cheiro do rebanho e pulou para cima das cabras, que, novamente, se dispersaram – todas, exceto o filhotinho. Ao ver aquela criatura esquálida, o felino perguntou: "Mas... o que é você?" E o jovenzinho disse: "Eu sou um bode", soltando um mirrado som de "béééé..." "Você não é um bode!", gritou o poderoso tigre, abismado por encontrar um semelhante seu vivendo em condições tão degradantes.

Então, decidido a acabar com aquele absurdo, ele pegou o fedelho pelo cangote e foi até um lago, onde suspendeu o tigre sobre o espelho d'água e disse: "Está nos vendo? Eu sou um tigre. Você é um tigre". Mas o animalzinho soltou outro "béééé..." Com toda paciência, o tigre resolveu levar o teimoso até sua toca, onde ele ainda tinha carne de caça fresca. Chegando lá, arrancou um grande pedaço de carne da coxa de uma gazela e empurrou na direção do pequeno tigre, que cerrou a boca com nojo, dizendo: "Eu sou vegetariano". Aí já era demais. O felino enfiou o suculento naco de carne pela goela do tigrinho, que tentou cuspir, refugar, mas acabou engasgando. E aí, depois que um tanto suficiente do sangue da gazela desceu pela goela do tigrinho, ele sentiu todo o seu corpo despertar e foi logo soltando um tímido, mas definitivo rugido: "roarrr".

Nessa história, o tigre engasgou com a verdade, assim como, um dia, deve acontecer conosco, pois todos nós somos tigres vivendo como cabras. É uma metáfora maravilhosa que nos conclama a viver a nossa verdadeira essência, a perseguir a nossa bem-aventurança na vida.

◇◇◇

A AÇÃO CORRETA

◇◇◇

Encarregado de uma tarefa na aldeia vizinha, um samurai mal havia retornado à propriedade de seu senhor quando lhe contaram que um intruso acabara de matar seu mestre e fugira. Movido pelo código de honra de sua casta, o samurai saiu no encalço do assassino para vingar a morte de seu senhor. Foram semanas seguindo a pista do criminoso por montanhas, rios e florestas até que, finalmente, o guerreiro encontrou o facínora escondido em um bambuzal e o encurralou. O valoroso samurai levantou sua espada e já estava prestes a cortar a cabeça do assassino quando, num misto de desespero e baixeza, o calhorda lhe cuspiu no rosto. Internamente irado com a afronta, mas sem demonstrar a menor alteração no exterior, o guerreiro então guardou sua espada na bainha e foi embora, deixando para concluir seu dever em outro dia.

Entretanto, completamente indignado com a cena, o pajem que acompanhava o samurai resolveu questioná-lo sobre a razão de não ter liquidado com o sujeito. E o guerreiro respondeu: "Quando ele me cuspiu no rosto, fiquei furioso. Assim, se eu o tivesse matado naquela hora, teria agido por raiva, teria sido um ato de vingança pessoal, e não em defesa da honra de meu senhor. E um samurai nunca age pela razão errada".

◇◇◇

A IMAGEM DA PAZ

Reverenciado por sua sabedoria, certa vez um imperador convocou os artistas mais talentosos do mundo e lançou o desafio: daria um fabuloso prêmio àquele que fizesse o melhor retrato da paz. Mãos à obra, o resultado foi uma série dos quadros mais sublimes jamais vistos, dentre os quais o monarca selecionou dois finalistas. No primeiro, via-se um lago cristalino, que refletia as montanhas verdejantes à sua volta e pássaros voando no céu azul. Já no segundo, um despenhadeiro erguia-se ameaçadoramente sob um céu negro e cortado por relâmpagos, enquanto uma cachoeira desabava morro abaixo junto da tempestade. Todos se maravilhavam ao ver a primeira obra, já prevendo a sua vitória; afinal, a outra era o oposto da paz.

Porém, para assombro geral, foi justamente a segunda a escolhida pelo soberano – que explicou sua decisão: "Vocês não observaram o detalhe mais importante da pintura. Reparem ali". Todos, enfim, notaram: atrás da cachoeira, saindo das ranhuras da rocha, havia um pequeno arbusto, e, nele, um ninho de passarinho – nesse ninho, alheio ao caos reinante, a mãe passarinho chocava seus ovos em paz. "Estar em paz não significa estar onde não há confusão ou dificuldades", disse o imperador. "A verdadeira paz acontece quando, mesmo em meio a tudo isso, você permanece calmo em seu coração".

Sobre o autor

Nascido em Belo Horizonte, Minas Gerais, Lauro Henriques Jr. vive em São Paulo. Como jornalista, trabalhou em alguns dos principais veículos do país, tendo sido editor do *Almanaque Abril* e da *Revista das Religiões*, publicação da Editora Abril voltada para o universo da espiritualidade. É autor do livro *Palavras de Poder – volume Brasil e volume Mundo* (LeYa) –, que reúne entrevistas com alguns dos principais nomes da espiritualidade e do autoconhecimento. Também é autor da obra *Fragmentos do Sol Chuvoso* (Ateliê Editorial), livro de poemas em prosa que conta com prefácio de Jorge Mautner e apresentação de Ignácio de Loyola Brandão.